Edmond Jabès

Das kleine unverdächtige Buch der Subversion

Aus dem Französischen von
Felix Philipp Ingold

Carl Hanser Verlag

Titel der Originalausgabe: Edmond Jabès, Le petit
livre de la subversion hors de soupçon.

ISBN 3-446-13839-0

Umschlag: Klaus Detjen unter Verwendung einer
Lithographie von Kasimir Malevitsch
Satz: LibroSatz, Kriftel/Taunus
Druck und Bindung: Pustet, Regensburg
Printed in Germany

Die Subversion, das ist die Bewegung der Schrift: die Bewegung des Tods.

Das Geschriebene ist kein Spiegel. Schreiben: sich einem unbekannten Gesicht aussetzen.

Irre ist das Meer, da es nicht an *einer* Woge sterben kann.

Weiß wie ein weißgelassener Name.

*

Was ist das, die Subversion?
– Vielleicht der verborgenste Dorn jener Rose, die dich fasziniert.

Dem Leib, dem Geist auferlegt das Buch seinen Rhythmus.
Frei ist also das Feld der Subversion.

Was du auch tust, dich selber hoffst du zu retten. Dir selber kommst du abhanden.

Die Wahrheit kennt sämtliche Subversionen.

»Wenn das, was uns festhält, der Ort ist, hätte ich endlich ein Hemmnis – meine eigene demütigende Fessel – gehabt«, sagte er.

Für jeglichen Ort wirst du nur die Hoffnung eines Gnadenorts jenseits der Sandweiten gehabt haben: Trugbild der Ruhe.

Das Leben zählt auf. Der Tod zählt ab.

(Jede Schöpfung hat als Ort einen geschlossenen, vom Unendlichen umfaßten Raum.

Überall werde ich die Schranken niederreißen, um meinen Werken, nebst ihrem eigenen Raum, die Unendlichkeit eines verbotenen Raums zu eröffnen.)

Die Erleichterung hat ihre Zeit. Zeit der Stärke? Zeit der Schwäche?

Jegliche Subversion erheischt zunächst unsre volle Anhängerschaft.

Die Subversion ist unbeugsam. Man kann nur dann mit ihr fertigwerden, wenn man sie zur Änderung ihres Ziels zwingt.

Wie der Schatten am Fuß der Nacht, so kann auch die Subversion nur zu sich selbst gelangen.

Leben heißt, sich die Subversion des Augenblicks zueigenmachen, und sterben – die unumkehrbare Subversion der Ewigkeit betreiben.

»Rhythmus der Subversion. Ach! wieder mußte ich diesen Rhythmus aufnehmen«, sagte er.

Du bist nicht schöpferisch gewesen. In deinem kleinen Aktionsraum schaffst du, ähnlich wie GOTT, für den Augenblick.

Die Subversion ist Zukunftspakt.

»In ihrer höchsten Entfaltung ist die Subversion so natürlich, so harmlos, daß ich versucht sein könnte, sie für einen der günstigsten Momente zur Wiederherstellung unsres prekären Gleichgewichts zu halten«, sagte er noch.

Nicht lesbar ist das Drohwort.

*

Wenn das Wort erhellt, so verdunkelt das Schweigen nicht: es gibt Kraft.

Die Banalität ist nicht schadlos: Blume im Korn.

(»Die Banalität ist von Subversion keineswegs frei. Als Verbündete der Zeit, die sie abwertet, ist sie banalisierte Subversion«, sagte er.)

Die Subversion haßt die Unordnung. Sie selbst ist rechtschaffene Ordnung und als solche einer reaktionären Ordnung entgegengesetzt.

Das Wissen stößt sich an den kalten Schranken des Unwissens – wie Sonnenstrahlen am Spiegel des Meers, dessen Tiefe sie bestürzt.

(Es gibt keine Ausnahmehandlungen. Es gibt nur natürliche Handlungen; doch kommen unter diesen bedeutende wie auch unbedeutende vor.

Es gibt Schöpfung.)

Ihr Weisen und Irren meiner Bücher, die ihr mich mit der Subversion vertraut gemacht habt – hier bleibt euer Platz. Nirgends. Inmitten des Sands, wo ich – hingestreckt, noch ohne Todeswunsch – schon so oft meine Hände offenhielt für die Leere.

Als subversive Propheten jenes unfruchtbaren Reichs, wo ich mich einstmals euch anschloß, habt ihr meine Jahre erfüllt durch eure Aussprüche, meinen Himmel bedrängt mit euren beharrlichen Fragen, meine Gewißheiten verschüttet unter euren Schritten.

»Das All ist ein Buch, zu dem jeder Tag ein Blatt bildet. Du liest darin eine Seite von Licht – von Wachheit – und eine Seite von Schatten – von Schlaf –; ein Wort der Dämmerung und ein Wort des Vergessens«, hatte er notiert.

Die Wüste hat keinerlei Buch.

Heft

Der entfesselte Ozean verstimmt den Himmel mit seinen schnellenden Fragen.

In einem erschöpften, der Trägheit des Wassers anheimgefallenen Meer wirst du dich baden.

Schatten ohne Schatten,
Lichter und Licht
sind die nachweislichen
Spuren des Vergessens
und da – das Mysterium des Wegs.

GOTT ist, von GOTT, Das Schweigen, das schweigt.

Der Sklave Des Fürsten und der Sklave des Höflings haben denselben Sklavenstatus.

In sich zu gehen heißt, sich der Subversion bewußt zu werden.

Das Problem der Subversion

(»Wir drohen dem, was uns bedroht. Die Subversion hat nicht etwa nur eine Richtung«, hatte er notiert.

Dieses kleine Buch ist durch seinen Titel – vermittels jenes Werks, das es bereits enthielt – mit den zehn Bänden des Buchs der Fragen *verbunden. Auch dies ist ohne Zweifel eine Art von Subversion.*

Mit ein und demselben Titel zwei verschiedene Texte zu bedenken – heißt das denn nicht, sie in noch größeren Gegensatz zueinander zu bringen, da ihnen doch willkürlich eine bloß vorübergehende Einheitlichkeit auferlegt wird?

Innerlich ist der Zwist.

Das Wort, das uns benennt, ist also jenes, welches früher oder später den unaussprechlichen NAMEN GOTTES *entheiligen wird;*

denn der Kreatur ist das Fehlen des göttlichen Namens unerträglich.

*Hatte er nicht einstmals geschrieben: »*GOTT *ist dem Menschen ausgeliefert durch Seinen Namen«?*

Der Aufstand eines Schattens beschleunigt die Herabkunft des Lichts – so wie die gegen sich selbst gerichtete Unlesbarkeit uns vorbereitet auf die vollkommene Lesbarkeit.

Wir sind auf Stetigkeit, Ähnlichkeit und Wechselseitigkeit ebenso angewiesen wie auf frisches Brot.

Für den Menschen ist der Mensch zugleich der Ursprung und sein Jenseits.

Ein Lächeln genügt, um eine Träne anzuhalten. Eine Träne genügt, um das Lächeln für immer zu brechen.

»Was subversiv ist, braucht nicht notwendigerweise das zu sein, was sich zunächst entsprechend zu erkennen gibt; oft ist es, umgekehrt, das, was, um besser auf die Lebewesen und Gegenstände einwirken zu können, denen es zuwiderläuft, sich diesen restlos einordnet und sich auf sie beruft.

So läßt das Weiße das Weiße in einem Schicksalsgrund von Weiße verschwinden und bekräftigt sich seinerseits als selbiges Weiß«, *sagte er.*

Das Nichts bleibt das unbewußte Unterpfand der Subversion.)

»Ich habe ausschließlich schlechte Schüler«, sagte ein Weiser. »Durch ihr Bestreben, mich nachzuahmen, verleugnen sie mich, und in ihrem Glauben, mir ähnlich zu sein, bringen sie sich selber in Verruf.«

»Da geht es mir besser als dir«, gab ihm ein anderer Weiser zur Antwort, »denn ich habe, da ich mein Leben aufs Fragen verwandte, natürlicherweise keine Schüler.«

Und er fügte bei: »Ist nicht gerade dies der Grund dafür, daß ich vom Rat Der Alten wegen subversiver Machenschaften verurteilt worden bin?«

»Man kann mit einem Knoten keinen andern Knoten machen, wohingegen man aus jedem beliebigen Faden einen Knoten machen kann.

Folglich ist jeder Knoten einzig in seiner Art.

Dies gilt auch für unser Verhältnis zu Gott, zum Menschen, zur Welt«, sagte er.

Das Denken bleibt beziehungsfrei: es lebt von Begegnungen, und es stirbt vor Einsamkeit.

»Schau mich an«, sagte er. »Hör zu. Ich bin das beständige Fragen, welches die Quelle neu belebt.

Sie ist es, die du siehst und hörst. Über sie wirst du dich in den Stunden des Dursts niederbeugen, um zu trinken.«

Jedem Buch seine sechsundzwanzig Buchstaben; jedem Buchstaben seine abertausend Bücher.

Zitternd überreichte er seinem Meister ein von eigener Hand vollgeschriebenes Heft: sein Buch.

– Weshalb zitterst du? fragte ihn der Meister.

– Diese Seiten, antwortete jener, versengen mir die Finger, als wären es Blätter aus Eis. Ich zittere vor Kälte.

– Sag mir, was auf diesen Seiten steht, fuhr der Meister fort.

– Ich weiß es nicht, antwortete er.

– Wenn du es nicht weißt, wer wüßte es denn? sagte darauf der Meister.

– Das Buch weiß es.

(Der Blinde behält *den Blick für sich – wie der Stumme das Wort: beide sind sie Verwahrer, der eine des Unsichtbaren, der andere des Unsagbaren; . . . gebrechliche Hüter Des Nichts.)*

»Was folgt, wird Folgen haben. Niemals steht es ein für das, was war; vielmehr für das, was sein wird«, sagte er.

*

Diese Textseiten bezeugen nicht nur die Unmöglichkeit, mit dem eigenen Denken, sondern auch mit sich selber fertigzuwerden. Sie sprechen für unsere Ratlosigkeit angesichts des Unvermögens, das uns alle kennzeichnet: zu sein.

Jegliche Dauer ist mit Erinnerung verbunden.

Auf das Wirkliche folgt eine mehr als wirkliche Unwirklichkeit, die das Gedächtnis sich zueigenmacht.

Das Denken schlägt den entgegengesetzten Weg ein. Es

greift der Abwesenheit vor, deren Bahn es dadurch, daß es zur Entfaltung kommt, festlegen hilft.

Der Gedanke ist der Blitz, der die Leere zertrennt. Das Vergessen ist sein momentaner Raum. Die wirre Erinnerung, die wir davon bewahren, wäre demnach lediglich die Anstifterin für die Wiedergewinnung des Gedankens zugunsten eines neuen Raums; eifrige Einpeitscherin für die Auseinandersetzung des Denkens mit seiner Vergangenheit und seiner wahrscheinlichen Zukunft; verantwortlich für seine endgültige Bevormundung.

Auf der einen Seite die Freiheit, auf der andern die Ketten.

Wäre GOTT, als Gefangener des Gedankens, dem All anheimgestellt? Allein das Ungedachte – welches seine unvorstellbare Nicht-Dauer ist – könnte ihm also insgeheim Dauer verleihen, denn die Ewigkeit ist auch lautere Nicht-Dauer, die sich der erlebten Dauer entzieht.

GOTT bleibt der Zeit wie auch der Dauer fremd, denn Er ist fortsetzungslos.

(»Sind Abwesenheit und Anwesenheit zwei Elemente von Glas, welche verschmolzen werden sollen?

In diesem Fall wäre der Gedanke das Hefteisen«, sagte er.)

»Man hat«, hatte er notiert, »an keiner Stelle zur Genüge unterstrichen, daß das aus einem früheren – nicht notwendigerweise aus dem jeweils letzten – Gedanken hervorgegangene Denken auf den Einfluß abstellt, den jener weiterhin auf es ausübt, oder aber sich entsprechend dem Mißtrauen verhält, den er in ihm erweckt.

So könnte man denn vermuten, das Denken habe sein eigenes Gedächtnis, ein Gedächtnis, von dem man freilich nicht weiß, ob es vom unsrigen völlig abhängig ist oder nicht.

O Vielfalt der Erinnerungen, auf die wir zurückgreifen, ohne uns auszukennen in ihrer Wirrnis; ohne zu wissen, wie weit sie letztlich reichen.«

Es gibt keine unschuldige Erinnerung.

In einer jeden Erinnerung ist das Vergessen die totgeborene Erinnerung, die das Gedächtnis betrübt.

»*Vorangehen*«, hatte er beigefügt, »sollte auch im Sinn von *vorauseilen* verstanden werden.

Der Gedanke, der dem Denken vorangeht, ist diesem in seiner Schneise bisweilen vorausgeeilt, hat es gezwungen, ihm seinen Platz zu überlassen.

Man wird deshalb niemals genau sagen können, welches von beiden, der Gedanke oder das Denken, zuerst gedacht worden ist.

Man hat allen Grund zu glauben, daß das Gedächtnis des Denkens die Erinnerung seines Triumphs ebenso sorgsam bewahrt wie jene seiner Unfähigkeit, hier und jetzt zu sein; die Erinnerung an jene stolzesten und schmählichsten Momente, die unsrer Wahrnehmung entzogen bleiben werden.«

Jeder Gedanke hat seine Freuden und Wunden.

Der Gedanke ist einzig auf die Reaktionen des Denkens gespannt.

»Du denkst: du phantasierst und reflektierst und träumst in einem.

Kaum ist dein Gedanke gemeistert, verweist er dich an deine Phantasie, an deine Reflexion, an deine Träume.

Niemals wirst du ihm überlegen sein«, sagte er.

Er sagte auch: »Du wirst nicht für alle Zeit unterhalb dessen bleiben, was du denkst, sondern unterhalb dessen, was du noch zu denken hast.«

»Du denkst, um zu wissen. Und kennst nicht einmal deinen Gedanken«, hatte er geschrieben.

»Helligkeit und Bewußtsein gehören zusammen. Das Unbewußte ist undurchdringliches Dunkel.

Schau, wie paradox das Wollen GOTTES ist.

Einerseits appelliert Er an das Bewußte, um die Idee, das Gefühl der Göttlichkeit in uns zu stärken, anderseits stößt Er uns, indem Er das Bild unter Verbot stellt, zurück ins Unbewußte, das Er ohne uns beherrscht«, hatte er zudem notiert.

Für uns ist das Nichts ewiger Ort des Exils; das Exil Des Orts.

Den Stein – in seiner harten Einsamkeit, in seiner Indifferenz GOTT und dem Menschen gegenüber – werden wir über das Nichts wachen lassen.

*

Die Bilder verdämmern im Unbewußten, doch verlöschen sie nicht: Vergessensschimmer.

Er sagte: »Die Bilder des Unbewußten sind der submarinen Fauna und Flora zu vergleichen. Die jähe Leuchte des Tauchers spürt sie auf.

Außerhalb des Wassers sind sie nur noch heteroklite Objekte: unentziffertes Alphabet verschollener Erinnerung; oftmals Anlaß innerer Leiden.«

Wir zehren von der Rückgewinnung umflorter Leidbilder, deren Anzahl wir niemals werden abschätzen können.

Das älteste davon ist gewiß das Bild GOTTES, an das auch GOTT selbst sich nicht erinnern kann.

Bild vom ersten Tag.

Bild des Tods, den man uns vorenthalten wird bis zum Tod.

Die Lesbarkeit ist postum.

Kleine Grenzen für die Grenzenlosigkeit

> . . . eines fruchtbaren Tods, dessen lichter Ursprungspunkt sie wäre – die Vokabel!

I

GOTT ist, für GOTT, nichts anderes als Er selber.

Wie groß auch immer der Abstand sei – stets bleibt er vorstellbar: ist er klein, wird er zur Beute des Blicks; ist er unermeßlich groß, wird er zur Beute der Phantasie.

»Die längste Gerade hat ihren Ursprung in der kürzesten, die ihrerseits nichts anderes ist als der ungestillte Wunsch des Punkts, über sich hinauszuwachsen«, hatte er notiert.

»Das Unendliche kann nicht Maß für Das Alles oder Das Nichts sein; für das Vollendete also, oder für die Leere; aber für das Unvollendete«, sagte er.

»Dem Unendlichen verspricht der Strich umsonst ein ersehntes Ende«, sagte er.

»Und wenn GOTT, um an sich selbst zu zweifeln, eines Schattens bedürfte?

Vielleicht wäre solch ein Schatten das Buch, welches ist Ratlosigkeit des Lichts und Schrecknis des Dunkels«, sagte er.

Und er fügte bei: »Als Erben Des Buchs verfügen wir einzig über das bißchen Dunkelheit und das bißchen Helle, die uns überliefert wurden. Ach! unsre sämtlichen Worte sind nichts anderes als Schattengeschöpfe, Sinnbilder des Mangels, an dem wir zugrundegehn.«

»Wenn der Schatten die Frage nach dem Licht ist, ist er auch die Frage nach dem Schatten; wenn das Licht die Antwort auf den Schatten ist, ist es auch die Antwort auf das Licht. O Schlaufe in der Schlaufe«, sagte er.

»Der Schatten ist nicht der Mangel, vielmehr die Fülle der Leere, in der das Gestirn scheint. Schwärze, Schwärze Des Nichts«, sagte er bei anderer Gelegenheit.

Leisester Schimmer läßt das Universum ahnen.

– Welches ist dein Blick?
– Der meines Buchs.
– Welches ist dein Gehör?
– Das meines Buchs.
– Welches ist deine Atmung?
– Die meines Buchs.
– Welches ist deine Hoffnung?
– Die meines Buchs.

– Welches ist dein Glück?
– Das meines Buchs.
– Welches wird dein Tod sein?
– Der, der mich erwartet auf der letzten Seite des Buchs: Tod all unsrer geteilten Tode.

Wäre Gott der *Eine*, Er wäre doppelt; denn das Einzelne ist immer nur das Ungedachte des *Einen*, das, sobald es gedacht ist, aufhört, einmalig zu sein.

Niemals wird der Schritt sich darein fügen, bloß ein Schritt zu sein; *ein* Schritt.

II

(»Jedwedes Buch, das dem Ereignis nicht standhielte, ist kein Buch«, hatte er gesagt.
»Schon immer ist die Zeit dem Ereignis überlegen gewesen«, hatte man ihm erwidert.
»Also ist das Buch gleich dieser Zeit«, hatte er daraus geschlossen: »Eine Zeit, der die Macht der Zeit abginge; die vielmehr Schwäche wäre von Ewigkeit.«)

Das Werk ist niemals vollendet. Es beläßt uns in dem Unvollendeten, worin wir sterben. Dieser weiße Anteil ist es, den wir nicht zu belehnen, sondern anzunehmen haben. Wo wir heimisch werden müssen.

Anzuerkennen: die Leere, das Nichts, die Weiße. Was wir auch schaffen, es liegt hinter uns.

Heute bin ich – erneut – in dieser Weiße, ohne Worte, ohne Wörter, ohne Gesten.

Was noch zu vollenden bleibt, ist stets nur das, was sich gern vollendet gibt: die Wüste, in die unsre Ohnmacht uns zurückweichen läßt.

Sich einreden, daß das Ende – der gesuchte Schluß – unmöglich ist. Trost für die meisten unter uns, gewiß. Not jener Irrgänger, die vom Unbekannten behext sind.

Grenzen, überschritten in ihren Grenzen: unsere Alltäglichkeit.

Die äußersten Enden werden uns stets verborgen bleiben.

*

Du schreibst mit gesenktem Blick, doch der Himmel ist in deinen Augen.

Es gibt nur einen Himmel, wie es auch nur eine Buchseite gibt.

Unsre Vokabeln bestirnen das Dunkel des Denkens; bei Anbruch des Ungedachten sind sie nicht wahrzunehmen.

Die schattenlosen Seiten im Buch GOTTES; lichtvolle Seiten im Buch des Menschen.

Nur Die Macht läßt sich befragen. Die Nicht-Macht ist die Frage selbst.

Die Frage ist schattenhaft. Die Antwort – jähe Klarheit.

Die Antwort ist ohne Gedächtnis. Allein die Frage erinnert sich.

(»Die Vollendung könnte auch bloß eine anregende Form des Unvollendeten sein: die einzig sichtbare«, sagte er.

». . . letztlich, für das Unvollendete, die Möglichkeit, sich des Ausmaßes seines Unvollendetseins bewußt zu werden«, fügte er hinzu.)

Die Buchseite als Ort der Subversion des Worts und der Weiße

Subversiv ist die Buchseite, wo das Wort Fuß zu fassen glaubt; subversiv ist das Wort, wo die Seite seiner Weiße sich auftut.

Ein Schritt im Schnee genügt, um den Berg zu erschüttern.

Der Schnee weiß nichts vom Sand. In ihnen freilich ist die Wüste.

Eisig ist die Weiße an ihren Gipfelpunkten.
Schwarz ist die Sonne des Worts.

Das Bündnis zwischen dem Papier und der Vokabel – zwischen Weiß und Schwarz – ist die Kopplung zweier im Innersten ihrer Verbindung gegeneinander gerichteter Subversionen, für die der Schriftsteller einzustehen hat.

Was dem Anschein nach übereinstimmt, ist namentlich das, was innerlich zerrissen ist. Das Auge nimmt lediglich das wahr, was zum Vorschein kommt.

Die Evidenz ist der ideale Operationsbereich der Subversion.

Du schreibst. Du weißt nichts von all den Konflikten, welche deine Feder im Vorübergehn auslöst und deren Unterpfand das Buch ist.

Das subversive Buch ist vielleicht jenes, welches die Subversion des Worts gegenüber der Textseite und der Textseite gegenüber dem Wort – das eine mit dem andern verwechselnd – im Gefolge eines aggressiven Gedankens denunziert.
Das Buch zu machen hieße in diesem Sinn, die subversiven Kräfte, von denen die Sprache wie auch das Schweigen durchwirkt wären, bei ihrem Erstarken zu unterstützen.

Die Subversion ist gleichermaßen die bevorzugte Waffe des Ungewöhnlichen wie auch des Alltäglichen.

»Das Verhältnis zu GOTT», sagte er, »ist ein indirektes Verhältnis zur Subversion.«

Ein jedes ausgesprochene Wort ist subversiv inbezug auf das verschwiegene Wort. Bisweilen bleibt die Subversion der Wahl anheimgestellt; der Zufälligkeit einer Wahl, bei der es sich möglicherweise um eine noch unklare Notwendigkeit handelt.

Wie konnte Gott bloß denken, daß der Mensch Ihm gegenüber nicht subversiv sein würde?

Gott hat den Menschen nach dem Bild Seiner Subversion geschaffen.

Und wenn die Subversion nichts anderes wäre als die Abweichung der geschriebenen Sache von der geschaffenen Sache?

Ein und derselbe Abgrund trennte dann den Menschen vom Menschen und das Buch vom Buch.

(»Ob göttlich oder menschlich – ›ICH‹«, sagte er, »ist der Schauplatz sämtlicher Subversionen.«

Auch sagte er: »Lebenskunst – hochentwickelte Kunst der Subversion! Vielleicht liegt hier der Weisheit Beginn.«)

Außer-Zeit, der Traum des Buchs

Du glaubst das Buch zu träumen. Du wirst von ihm geträumt.

Was ist der Traum anderes als die gelöschte Schrift eines Buchs, das bei diesem Gelöschtwerden geschrieben und mit geschlossenen Augen gelesen wird: der Mangel – Leerstelle, Auslassung, Fehlleistung – des Buchs?

Schreiben hieße, dem Traumbild die abstrakte Wirklichkeit des Zeichens zurückzuerstatten.

Traum gibt es bloß in der Vergessenheit eines Worts.

Der Weg, welcher hinführt zu meinem Buch, ist ein durch zehn Pfade eröffneter Weg.

Erinnert er dich an sie?

Der Sand hat sie vor langer Zeit sich einverleibt.

Es bleiben bloß die undatierbaren Riefen, die der Wind verschiebt;

denn niemals läßt das Buch davon ab, sich außerhalb des Buchs zu vertun.

Ihm auf der Spur sein: ein endloses Irren.

»Auch die bestgebaute Festung ist dem leisesten Nachgeben des Erdbodens ausgesetzt«, sagte er.

– Es gibt keinen Weg, der nicht mit dem Finger bezeichnet werden könnte, doch welche Hand vermöchte ihn zu fassen?

– Gewiß keine. Indessen könnte jede beliebige Hand ihn zerstören.

Was ist daraus anderes zu schließen, als daß vor dem Tod nichts verschont bleibt, selbst GOTT nicht; denn allein für den Tod sind Gedanke, Blick und Hand am Werk.

»Der Tod tötet nicht. Wir töten in jedem Augenblick um seinetwillen«, sagte er.

»Wiewohl abgebrannt seit alters kraft seiner Abwesenheit, ist in der Wüste das durch die Reibung zwischen Sandkorn und Sandkorn erzeugte Licht dennoch lebendig; o gemeinschaftlicher Wunsch nach Ewigkeit! o stummer Liebesfunken in meinem verhärmten Herzen«, schrieb er.

»Von der Leidenschaft des Buchs für das Buch bleiben einzig die Spuren der Leidenschaft.

Unsre Tage und Nächte waren, bei diesem irren Gefühl, nichts als Gier und Bann«, sagte er.

Er sagte auch: »Jedes Buch ist unterwürfiges Objekt jener widersprüchlichen Begierden, die es in dem Buch, von welchem es geschrieben wird, weckt.«

*

»Öffne Gott. Das ist der Abgrund«, sagte er.

Aus seinem Namen eine Reihe von Namen machen, die noch nicht vergeben sind.

Ed, der es von Emo hatte, der es von Nod hatte, der es von Don hatte, der es von Seb hatte, der es von Jassé hatte, der es seinerseits von Bes hatte, der es aus dem Mund von Sébaya erfahren hatte, sagte: »Es gibt keine Bücher, es sei denn im Tod Des Buchs; denn sein Tod ist es, der sie schreibt; doch ist diese Schrift dazu verurteilt, niemals ein Grabmal zu haben.«

Und er fügte bei: »Für eine brauchbare Definition des Buchs würde ich gern sämtliche Werke der Welt hingeben, denn eben das Fehlen einer solchen Definition hat dazu geführt, daß uns unsre Bücher bislang als zu entziffernde Rätsel vorkommen konnten.«

»Schließ das Buch«, sagte er. »So wirst du den kosmischen Schatten um das Gewicht eines einsiedlerischen Schattens vermehren.

Die Verzweiflung des Schriftstellers besteht nicht darin, das Buch nicht schreiben zu können, sondern darin, in unbestimmter Weise auf ein Buch hinarbeiten zu müssen, das er nicht schreibt.

Nur ein einziges Mal möchte ich von diesem Schmerz gesprochen haben. Dein brüderliches Wort mag heute das meine ablösen«, sagte er auch.

*

»Gott wird durch das Buch gerettet und gleichzeitig zerstört. Die Vokabel – in ihrer Herrlichkeit, in ihrem Elend – lehrt es uns.«

»Gott ist auf die Bürgschaft Seines Worts angewiesen, Das Wort auf die Bürgschaft Des Buchs.«

»Gott gibt zu lesen. Er liest nicht.«

»Das Buch zu schreiben bestünde vielleicht darin, der Ewigkeit durch ein jedes seiner Worte den gelesenen Augenblick zurückzuerstatten.«

»Es ist ja nicht bloß eine Vokabel, welche du beim Schreiben bildest, sondern auch ein Augenblick deines Lebens, den du festhältst«, hatte er notiert.

(»Man spricht, um die Einsamkeit aufzubrechen; man schreibt, um sie zu verlängern«, sagte er.)

Von der Einsamkeit als Raum der Schrift

»Das Morgenrot«, sagte er, »ist nichts anderes als eine gewaltige Bücherverbrennung; grandioses Schauspiel des entthronten allerhöchsten Wissens.

Jungfräulich ist denn auch der Morgen.«

Die Geste des Schreibens ist einsame Geste.

Ist die Schrift der Ausdruck dieser Einsamkeit?

Kann es überhaupt Schrift ohne Einsamkeit oder auch Einsamkeit ohne Schrift geben?

Gibt es womöglich Grade von Einsamkeit – mehrere Sphären also, verschiedene Ebenen von Einsamkeit –, wie es auch Stufen von Schatten oder von Licht gibt?

Könnte man in diesem Fall behaupten, daß gewisse Einsamkeiten der Nacht, andre wiederum dem Tag geweiht sind?

Und schließlich: gibt es vielleicht unterschiedliche Formen von Einsamkeit – gleißende, runde Einsamkeit (die der Sonne), oder flache, schattenhafte Einsamkeit (die der Grabplatten); Einsamkeit des Fests und Einsamkeit des Leids?

Die Einsamkeit läßt sich nicht aussprechen, ohne sogleich zu vergehn. Sie kann nur aufgeschrieben werden in der Ferne, durch die sie geschützt ist vorm Auge, welches sie lesen wird.

Das *Sagen* verhielte sich folglich zum Text wie das mündliche Wort zum geschriebenen Wort: das Ende einer durch jenes abgegoltenen Einsamkeit und, für dieses, das Vorspiel eines einsamen Abenteuers.

Wer mit lauter Stimme spricht, ist niemals allein.

Wer schreibt, der findet vermittels der Vokabel zu seiner Einsamkeit zurück.

Wer wagte es, inmitten der Sandwüstenei das Wort zu gebrauchen? Die Wüste gibt Antwort allein auf den Schrei, den letzten, bereits ins Schweigen gehüllten, aus dem das Zeichen erwachsen wird; denn man schreibt immer nur an den unbestimmten Rändern des Seins.

Sich dieser Einschränkung bewußt zu werden, bedeutet gleichzeitig auch, die schwankende Scheidelinie unsrer Einsamkeit als Ausgangspunkt des Geschriebenen zu erkennen.

So gäbe es denn für die Einsamkeit wie für das Geschriebene fließende Grenzen, denen wir mit der Feder in der Hand folgten; Grenzen, durch uns, dank uns erkannt.

Jedem Buch seine Einsamkeitsnischen.

Sieben Himmel berufen sich auf den Himmel. Die Leere hat ihre Etagen. Ebenso die Einsamkeit, welche ist Leere des Himmels und Leere der Erde, Leere des Menschen, in der dieser sich regt und wo er atmet.

Da die Einsamkeit jeglichem Ursprung verbunden ist, hat sie die außergewöhnliche Macht, die Zeit aufzubrechen, die ursprüngliche Einheit aufzuzeigen; und gewissermaßen aus dem unbestimmbaren *Vielerlei* das unbezifferbare *Eine* zu machen.

Unter solchen Bedingungen schreiben zu wollen, bestünde demnach darin, zunächst am Rand des Geschriebenen, wenn auch in umgekehrter Richtung, den vom Denken eingeschlagenen Weg noch einmal abzuschreiten; das Denken auf den Gegenstand seines Gedankens zurückzuführen; das Geschriebene auf die Vokabel, welche es enthielt; letztlich liefe es darauf hinaus, der eigenen Einsamkeit zu entrinnen, um in der ursprünglichen Einsamkeit des Buchs – noch immer im Unwissen um dessen Beginn – aufzugehn, der das Buch den Namen geben wird; denn das Buch ersteht aus den Ruinen eines Buchs, von dem man sich abgewandt hat; aus der erschreckenden Einsamkeit seiner Trümmer.

Der Schriftsteller verläßt das Buch nicht. Es entsteht und verfällt an seiner Seite. So hieße denn schreiben in einer ersten Phase nichts anderes, als die Steine jenes eingestürzten Buchs einsammeln, um aus ihnen ein neues Werk – zweifellos dasselbe – zu bauen; ein Bauwerk, für welches der Schriftsteller als unermüdlicher Vorarbeiter, als Architekt und als Maurer verantwortlich wäre; wobei er freilich weniger auf den Fortgang seiner Erstellung achten würde als vielmehr auf die innere, die natürliche Bewegung, von der seine Vollendung abhängig bleibt; achten würde er demzufolge, vor allem andern, auf die Schrift dieser doppelten Einsamkeit – der der Vokabel und der des Buchs –, welche nach und nach lesbar werden will.

Nirgendwo sonst als in diesem Rechteck von feinem, dem Unsagbaren vorbehaltenem Papier sind Worte und Wohnung derart stark miteinander verbunden und zugleich – o Paradox – so weit voneinander entfernt; denn keinerlei Allianz ist der Einsamkeit erlaubt, kein Bund, kein Anschluß; keinerlei Hoffnung auf gemeinsame Befreiung.

Allein baut sie sich auf; allein – in Komplizenschaft mit der Schrift – leitet sie die Lektüre der erhabenen Mauerwerke aus den Epochen ihres Ruhms oder ihrer breiten und tiefen Verwundungen zu der Stunde, da das Werk, an dessen Aufrichte sie beteiligt war, zu Staub zerfällt; da das Buch im unendlichen Bruch seiner Wörter in Brüche geht.

Einsamkeit, der der Schriftsteller sich unterwirft; der er bisweilen mehr zugesteht, als er bieten kann, da er sich der

Verantwortung, die er ihr gegenüber eingegangen ist, nicht zu entziehen vermag.

Doch weshalb? Wird denn die Einsamkeit vom Menschen nicht mit Bedacht gewählt? Welches also sind diese Ketten, die er doch nicht selber geschmiedet hat? Ob es wohl eine Einsamkeit gibt, die sich seinem Willen entzöge; die er, ohnmächtig, bloß erleiden könnte?

Der Anspruch solcher Einsamkeit, von der der Schriftsteller nicht loskäme, ist genau der, welchen das Wort, durch das sie benannt wird, ihm auferlegt hat; Einsamkeit aus dem Urgrund seiner Einsamkeit, als gäbe es eine noch einsamere, in die Einsamkeit eingelassene Einsamkeit, wo das Wort nach seinem eigenen Bild sich gestaltet wie das Kind im Mutterleib.

Alles wird sich künftighin einer vorbedachten Ordnung gemäß heranbilden; denn der Entwurf des Buchs ist zunächst kühner Entwurf der Vokabel. Man wird das Buch nicht schreiben können, ohne an diesem Entwurf mittelbar beteiligt gewesen zu sein, der womöglich nichts anderes ist als die Intuition, die wir von dem Buch haben, welches, aus jener erwachsend, geschrieben wird.

Einsamkeit also eines Worts, Einsamkeit des Worts vor dem Wort, der Nacht vor der Nacht, wo das Wort, nach dem Gestirnsuntergang, bloß noch für sie erstrahlt.

Doch, so wird man einwenden, wie kann man, ausgehend vom Buch, zum Wort gelangen? – So wie der Tag zur Sonne geht, werde ich antworten. Ist *Buch* nicht ein Wort? Immer wieder kommt man auf das *Wort* »Buch« zurück. Der Raum des Buchs ist der – innere – Raum des Worts, das ihn bezeichnet. Das Buch zu schreiben hieße somit nur, diesen verborgenen Raum einzunehmen; zu schreiben in diesem Wort.

Das Wort aber, welches – wie das Morgengestirn das ganze Licht der Welt – alle Wörter der Sprache vereint, ist lediglich der Ort von deren Einsamkeit; der Ort, wo sie dem Nicht-Seienden gegenübertritt; wo sie jedwede Bedeutung verliert und nurmehr Das Nichts bezeichnet.

»Du kannst nicht lesen, was du erlebst, aber du kannst erleben, was du liest«, sagte er.

*

– Wieviele Seiten hat dein Buch?

– Genau neunundachtzig ebene Flächen von Einsamkeit. Eine unter der andern. Die erste zuoberst; die letzte zuunterst. Dies ist der Fortgang der Schrift, hatte er geantwortet.

Und er hatte beigefügt: »Was mir zu schaffen macht, ist keineswegs die Tatsache, daß ich, Blatt für Blatt, über sämtliche Stufen hinunter ins Buch gestiegen bin, sondern die Frage, wie es denn kam, daß ich mich beim Eintreten auf der höchsten, der ersten befand.«

Der Grund des Wassers ist von Sternen übersät.

*

Das Schreiben ist ein Unterfangen der Einsamkeit; Fluß und Rückfluß von Sorge. Auch ist sie Spiegelung einer in ihrem neuen Ursprung gespiegelten Wirklichkeit, deren Bild wir im Innersten unsrer wirren Wünsche und Zweifel gestalten.

Das Vor-Heim

»Vor dem Heim sollst du die Schwelle befragen. In ihr ist der Stein bereits neutralisiert«, sagte er.

Alles war in der Erwartung GOTTES.
So ging Die Schöpfung Dem Schöpfer voran.

... so wurde GOTT in Der Idee von GOTT durch GOTT überholt.

Alles war in der Erwartung Des Nichts und Das Nichts ging der Erwartung voran.

GOTT *ist*, hat er doch geantwortet auf die Frage: *»Bist du?«*

»Wenn die Existenz GOTTES derjenigen des Menschen nachgeordnet wäre, könnte uns nichts an der Vermutung hindern, daß das Nichts über eine ältere Stimme verfügte als jene der Welt, und die Wüste, in ihrem Verhältnis zur Leere, über ein Vor-Tagwort, das die Nachtschatten erschütterte.

»Erstickte Stimme des Meers. Ertränkte Stimme des Sands«, sagte er.

Die Frage ist Schöpfung. Die Antwort ist Tötung.

GOTT ist gestorben an Seiner vorzeitigen Antwort, welcher der Mensch sich gebeugt hat.

GOTT spricht aus der weitesten Ferne des Tods. Diesem Schweigen haben wir zu allen Zeiten zugehört.

Ist Das Buch die Vor-Frist?

In diesem Fall schriebe man nur für den Tod; die Schrift, die, ist sie erst an dem Punkt angelangt, wo nichts mehr zu schreiben bleibt, uns dem Nichts anheimstellt.

»Vielleicht ist der Unterschied zwischen unsern Büchern und Dem Göttlichen Buch dieser: erstere müssen das Leben durchmessen, um GOTT zu erreichen; das letztere einzig den Tod, um zu uns zu gelangen«, sagte er.

Der Eine ist der Doppelgänger Des Einen.

Das Verbot gilt für den Doppelgänger nicht.

Buch über Buch! Das Heilige Buch verbirgt durch seine Transparenz das verbotene Buch.

Man gelangt nicht vom Heiligen zum Profanen; vielmehr vom Profanen zum Heiligen.

Wie man auch von einem wortreichen Schweigen zu einem Schweigen gelangt, das seiner ursprünglichen Abwesenheit überantwortet ist.

*

In seiner Exklusivität wahrt der Konsonant die Unlesbarkeit Des Göttlichen Namens: ummauerte Heimstatt.

Der Vokal ist des Morgens melodischer Sang.

»Unsere Seele ist ein Nest von Vokalen. Ein Vogel ist am Ursprung der unendlichen Lektüre der Welt«, sagte er noch.

Vielleicht ist das Vor-Heim eine virtuelle Vokabel.

(»Niemals wird die Vokabel Heimstatt sein«, sagte er, »und doch hat auch sie ihre Ablagerungen und Ausbrüche.«

Die Sprache ist eine Uferkerbe, berauscht von der Meeresbrise. O ungestillte Begierden! O unverlierbare Reisen!)

Das Verbot ist Abwehr und Verteidigung des Horizonts.

Das Darstellungsverbot

– Weshalb, fragte er ihn, ist dein Buch bloß eine Abfolge von Fragmenten?

– Weil das Verbot für das gebrochene Buch nicht gilt, antwortete er.

Hatte er aber nicht unlängst in seinem Tagebuch notiert: »Ich schreibe ein Buch, um für GOTT das vollumfängliche Bild wiederherzustellen, welches ich, mit Worten, von Ihm gemacht habe?

Hieße also schreiben unter diesen Bedingungen nichts anderes als dem göttlichen Zorn erliegen?

. . . als einem verbotenen Bild erliegen im Innersten eines jeden Bilds?«

»Die Durchstreichung kann man nicht lesen«, sagte er; »aber man kann sich eine Lektüre dessen vorstellen, was endgültig gestrichen wurde.

Lektüre des Tods.«

Er sagte auch: »Man liest immer nur das, was der vollständigen Lektüre des Worts abgeht.«

»So daß man gehalten ist, von ihm jedesmal eine neue Lektüre zu wagen.«

Wer vermöchte die Lektüre des Verbots zu fördern, welches eine jede Lektüre des Buchs aufzuheben sucht?

Dazu wäre fähig einzig der, welcher zuvor die Vokabel von Schweigen zu Schweigen geführt hätte.

Aus dieser unendlichen Distanz, welche die Abwesenheit von sich selbst trennt, könnte er dann, bis zum unvermeidlichen Aufgeben, die wagemutige Lektüre riskieren.

»Du stellst heraus, was nicht enthüllt werden sollte. Tatsächlich aber läßt du vom betreffenden Gegenstand nur das erkennen, wohinter er sich verbirgt.

Und dieses *Wohinter* kann durchaus ein anderer Gegenstand sein.

Arglistiges Verbot«, hatte er geschrieben.

»Gott ist voller Arglist; denn wenn man Sein Antlitz nicht sehen kann, so deshalb, weil er von all den durchforschten Gesichtern das Unvorzeigbare ist, das Unbeschaubare, kraft dessen jedwedes Angesicht in seiner erworbenen Eigenständigkeit seine Freiheit, täuschen zu dürfen, gewinnt; das heißt, für den Augenblick als das eingeschätzt zu werden, was es als zufällige und flüchtige Projektion eines ungekannten Gesichts ist«, hatte er ebenfalls geschrieben.

Gott entzieht sich der Lüge durch eine beredtere Lüge, welche, indem sie jede andere Lüge sogleich kundtut, sich dem Gläubigen schließlich als die einzige Wahrheit aufdrängt.

*

Und wenn das göttliche Verbot zu allererst Die Wahrheit träfe?

Das wirkliche Bild GOTTES würde dem anhaltenden Druck einer absoluten Bildabsenz weichen; es wäre bloß noch das bevorzugte Objekt der Erbitterung, mit der diese es zu vernichten droht.

Der Gegenstand gefällt sich in seiner Abwesenheit. So Der Schöpfer im Menschen und die Kreatur in GOTT. Also ist jeder bloß die Abwesenheit einer erheischten Abwesenheit, die Zeitgebundenheit dieser Abwesenheit durch das vorgeschützte Gesicht, das seinerseits nichts anderes ist als die erwünschte – die belohnte – Abdankung des ersten und letzten Gesichts.

Die Wahrheit wäre das dramatische Ende einer jeden Erzählung, welche GOTT als Helden und den Menschen als Komparsen hätte.

Und wenn das göttliche Verbot sogar für die IDEE GOTTES Geltung hätte?

Doppeltes und identisches Opfer. Die ursprüngliche Erzählung wäre an der Oberfläche des Ozeans, der sie verschlungen hätte, zu entziffern, am markierten Ort ihres Verschwindens.

Lesen kann man nur die Falten, welche ein gescheitertes Wort hinterlassen hat und von dem das beruhigte Wasser allmählich sich löst.

Es bliebe dann nur noch die beflissenste Woge, um über das Verbot zu wachen.

*

»Das Untersagte ist im Innern des Gesagten – nicht wie der Kern in der Frucht, sondern wie die Sonne in der Nacht, welche sie durchglüht«, sagte er.

Aus jedem haltlos gewordenen Gedanken macht das Untersagte etwas unbezwingbar Ungedachtes.

– Wenn dem Licht der Schatten untersagt bleibt, weil er sein Verhängnis ist, was für ein unbestimmbarer Glanz ist es denn also, den ich wahrnehme über uns allen?

– Vielleicht der eines Messers, dessen hauchdünne Klinge im Abendlicht blinkt und welches GOTT dazu dient, die Nacht vom Tag zu trennen wie Hälften ein und derselben Frucht.

*

Alles Geschriebene ist fruchtbares Gefilde; zur rechten Zeit niedergemäht vom Tod.

Deshalb ist die Sense der Zeit die beste Waffe des Verbots.

»Es gibt die Zeit des *Machens* und die Zeit des *Mähens:* dieselbe Zeit«, hatte er notiert.

*

»Sind denn die wahren Bücher nichts anderes als Bücher? Sind sie nicht auch die Glut, die unter der Asche ruht wie – nach Rabbi Eliezer – die Worte der Weisen?«
EMMANUEL LEVINAS

»Weißt du«, fragte er, »was den Sandkörnern in der Wüste bisweilen ihre leicht graue Farbe gibt? – Nicht das Nahen der Nacht ist's, sondern jener Schleier von Asche, der unsre zukunftslosen Bücher überzieht.«

Wenn du willst, daß deine Worte Worte GOTTES seien, wirst du aus deinem vorläufigen Buch ein Ewigkeitsbuch machen müssen.

Doch wenn man dem Dov Baer von Mezeitz Glauben schenkt, welcher geschrieben hat: Der Heilige, er sei gepriesen, ist in jedem Buchstaben daheim, war dein Buch, noch bevor es geschrieben war, ein ewiges Buch.

Das Buch überlebt, kraft seines göttlichen Anteils, die Zeit. Was läßt sich daraus anderes schließen, als daß dieser göttliche Anteil – die Kunde von einer Zeit, die der Ewigkeit harrt – in uns ist.

Verschwiegen ist das WORT GOTTES seit jenem Tag, da Er, um sich Gehör zu verschaffen, unsern menschlichen Worten zu schweigen gebot, wobei Er vergaß, daß Er gerade durch sie zu uns sprach.

Die Verschwiegenheit von GOTTES WORT ist immer nur das endlose Schweigen unsrer gemeinen zum Verstummen gebrachten Worte.

Nur dann können wir GOTTES Schweigen erreichen, wenn wir selber uns diesem Schweigen vermählen. Die Anerkennung von GOTTES WORT wäre daher für uns nichts anderes als die Annahme unseres eigenen Schweigens.

Dieses Schweigen auszusprechen heißt, das Heilige auszusprechen; heißt aber gleichermaßen auch, es alsbald aufzuheben.

Ein Heiliges Buch gibt es nicht, doch gibt es Bücher, die für das Schweigen Des Heiligen Buchs offen sind.

Beim Schreiben von diesem Schweigen auszugehen heißt, Das Buch der Ewigkeit in das sterbliche Buch unsrer Verwandlungen einzurücken.

*

(»Du sollst kein Buch nach dem Bild Des Buchs machen, denn Ich bin Das Eine Buch.

Auch sollst du aus dem verängstigten zerlumpten Wort kein Ruhmeswort machen;

denn nur das kannst du schreiben, was du bist, Ich aber wollte, daß du Staub seist.«

So hätte GOTT *sich verständlich machen können; tut Er es aber nicht sehr oft mit Anspielungen?*

Mißtraue dem, was klar gesagt ist, denn die Klarheit ist bloß die gastliche Kehrseite des Schattens, und das WORT GOTTES *hält sich fern von der einen wie auch von der andern Seite«, hatte er notiert.*

Ob es eine Sonne für das Dunkel gibt? Sie wäre nicht der Stern, vielmehr das blinkende Geheimnis.)

*

– Was ist das, ein heiliges Buch? Was verleiht dem Buch seinen Charakter von Heiligkeit?

– Ist das Heilige von uns abhängig?

– Wäre denn wohl ein Buch des Wissens ein heiliges Buch? Nein; weil das Wissen menschlich ist.

– Wir sagen: »In diesem Buch kommt das Wort GOTTES vor. Also ist es ein heiliges Buch.« Sind wir's, die diesem Wort Gestalt geben, indem wir es zu offenbaren suchen?

Wäre also GOTTES WORT dieses Verschwiegene Wort, welches sein Schweigen aufbrechen ließe in einem jeden der unsern?

– So gäbe es denn nicht mehr das heilige, das profane Buch: es gäbe das Buch.

Doch welches Buch? Das absolute BUCH GOTTES, das unabgeschlossene Buch des Menschen?

– Das Buch ist Präsentation – es präsentiert, es präsentiert sich – und ist Repräsentation zugleich – es schafft nach, sucht festzuhalten.

Hat aber GOTT nicht jegliche Repräsentation Seiner selbst verurteilt?

*

Und wenn das göttliche Darstellungsverbot auch der Schrift innewohnte als ihr unbeugsames Gesetz und, zugleich, als das Vermaledeite an ihr?

Und wenn das Heilige, als WORT GOTTES, *lediglich das Schweigen unsrer Worte wäre?*

Und wenn das Profane – die selbständig gewordenen Worte – lediglich Herausforderung des göttlichen Schweigens wäre?

Das Bild wäre demnach für das Wort, was die Abwesenheit des Bilds für das Schweigen ist.

Profanes und Heiliges sähen sich hineingezogen in eine unausweichliche Gegenseitigkeit.

Unter dem stetigen Blick GOTTES *zu schreiben, würde vermutlich nichts anderes als die unermüdliche Nachschöpfung Seines Worts bewirken; doch dieses Wort nachzuschöpfen – heißt das nicht, unwillkürlich das Bild in den Text einführen?*

*

»Sind denn die wahren Bücher nichts anderes als Bücher? Sind sie nicht auch die Glut, die unter der Asche ruht wie die Worte der Weisen?«

Hier muß noch präzisiert werden, um welche Bücher es sich handelt. Was ist ein wahres Buch? Ob es auch falsche Bücher gibt?

Die wahren Bücher sind, wenn sie Bücher sind, auch »Glut unter der Asche«. Dieses *auch* – bedeutet es wohl, daß ihr Los darin besteht, sich, indem sie die andern verzehren, selbst zu verzehren, bis sie nurmehr die Energie dieses Verzehrens sind? Als ob das Aufzehren der andern Bücher diesen, ohne mit ihnen fertig zu werden, im Gegenteil eine alles bewältigende Kraft verliehe, indem es sie erneuert.

Wären also die wahren Bücher jene, die am Tod der andern weitersterben?

Doch vielleicht ist die Glut, die unter der Asche sich rötet, bloß Das Wort des Weisen, welches das Buch überlebt?

Die wahren Bücher wären in diesem Fall jene, die aufgehört haben, Bücher zu sein, um nichts anderes mehr als Das Wort des geopferten Buchs zu sein; Wort dieses Opfers, das die Trauer eines Buchs trägt.

... Trauer eines Buchs, die letztlich bloß die Trauer eines Orts wäre. Doch auch der Ort ist GOTT: durch einen seiner unzählbaren Namen.

Welcher Zukunft ist Dieses Wort ohne Ort geweiht?

Gäbe es demnach, anders gefragt, eine Zukunft für das Heilige, dessen Beispielhaftes Wort jeglicher Inbeschlagnahme des Orts entginge?

Wenn es für das Heilige keinen Ort gibt, der nicht abgründige Ortsabwesenheit ist – was ist dann ein heiliges Buch? Es könnte nur nach Maßgabe Dieses Worts existieren, ja es könnte nur Dieses Wort selbst sein, zugleich außerhalb der Zeit und verankert in einer Zeit, die umsonst bemüht wäre, es, indem sie sich verzehrt, zu verzehren und welche ihm, durch diesen Akt, seinen Status als vernehmbares, als Lesbares Wort verliehe.

So gäbe es also einerseits ein Heiliges, ein Freies, Souveränes Wort und anderseits einen unbestimmten Raum, den der Mensch zu umschreiben suchte und welcher möglicherweise das Buch wäre: ein profanes Buch, anheimgestellt unsern Vokabeln, deren Nähe zum Heiligen Wort sie jedoch zu diesem emporhöbe.

So wäre denn das Buch des Menschen kühnstes Unterfangen: jenes nämlich, welches darauf abzielte, einem Unikaten, Universellen Wort – das Heilige ist unteilbar – einen Ort zu geben und das es seinen Vokabeln, die seine Umgebung bilden, erlauben würde, im Tod über sich selbst hinauszuweisen.

Das Buch ginge demnach, unter Voraussetzung dieser Hypothese, Dem Wort voraus, welches seinerseits zunächst Verschwiegenes Wort wäre und dem Buch vorausginge, das es offenbart. Wort des Schweigens, welches dieses Schweigen im Innersten jedweden Worts aufrechterhält; aber auch Ein Wort, das angetroffen, das gefaßt wird im Urgrund dieses Schweigens, welches, nach geheimnisvoller Rückkehr zu den Quellen, die Unberührtheit des Buchs wäre.

Es gäbe somit zwei Bücher in einem. Das Buch, das im Buch ist – Heiliges, Gestrenges, Unfaßbares Buch – und das Buch, das sich unsrer Wissensgier erschließt; ein profanes Werk, dessen Transparenz freilich stellenweise die Anwesenheit des in ihm Verborgenen Buchs verraten könnte: Lauterkeit – unversehens – einer eingehauchten Vokabel, die so ätherisch, so stolz und begierig auf Dauer ist, daß sie uns für einen kurzen Augenblick in die Mitte einer erahnten, weißen, nackten Ewigkeit zu stürzen vermöchte; der

Ewigkeit des göttlichen Worts, zu dem das vom Menschen überforderte Wort das verzweifelte Echo wäre.

Als ein »Volk von Priestern« haben die Juden, in ihrer Unterwerfung unter Jahwes Befehlsgewalt, sich in einem Einzigen Wort erkannt: Geheiligtes, Heiliges Wort; wohingegen das profane Wort kein Bürgerrecht genießt.

Kann man, obgleich im Hebräischen Geheiligtes und Heiliges in ein und demselben Wort zusammenfallen, wirklich sagen, das Geheiligte sei das Heilige oder *vice versa*?

Gewiß, ein und dasselbe Wort; aber doch in der Art einer geöffneten Nuß, deren linke Schalenseite beispielsweise das Geheiligte wäre und die rechte Seite das Heilige, und deren Frucht den Urgeschmack des Schweigens hätte.

So wäre denn das Geheiligte weniger das Heilige als vielmehr die Heiligung eines verinnerlichten Schweigens, das schwer würde vor lauter Schweigsamkeiten, und das Heilige – es wäre weniger das Geheiligte als die Heiligkeit der Gabe.

Könnte denn GOTT dem Menschen ein profanes Wort in den Mund legen? Und der Mensch ein geheiligtes Wort in GOTTES Mund?

Das Heilige, als schneidende, als endgültige Antwort, ist stumm. Es hat seinen Platz vor und nach der Frage.

Das Schreiben – ein Fragen noch in seinen Affirmationen und stets in Frage gestellt – ist unsre Schwäche; es gehört deshalb in den Bereich des Profanen.

Wenn das dem Augenblick verhaftete Sagen das Wort der Abschaffung jeglichen Worts ist, kann die Absolutheit des Schreibens, als Schrift des Heiligen betrachtet, nur das Schweigen des Sagens sein.

Schrift einer Außer-Zeit, immer *außen* und gleichwohl lesbar durch das Wort, welches sie übersteigt: eine Jenseits-Schrift also, eine jenzeitige Schrift gar, die die unsre beschweren würde durch das unbestimmte Gewicht ihrer Abwesenheit und die es ihr erlaubte, zu ihren Grenzen vorzustoßen, in der eigenen Abhängigkeit gegenüber einem Grenzenlosen, dessen kläglicher Ausdruck sie wäre.

... in ihrer Abhängigkeit also gegenüber dem Schweigen, welches zu durchbrechen sie umsonst versuchte, nicht etwa um es zu vermindern, sondern um es zu überleben.

Der Weg des Buchs zum absoluten, zum Verschwiegenen Buch – ein unabänderliches Wort kann nur verschwiegen sein – ist derjenige des personalisierten Worts hin zum Unpersönlichen Wort; so wie der Weg des Absoluten Buchs zum Buch derjenige Des Feuer-Worts zum lodernden Wort ist.

Doch wer vermöchte die Grenze zu ziehn?

Am Anfang war Das Ganze, und Das Ganze war das geheiligte Wort, und das geheiligte Wort war das unendliche Schweigen, das durch keinen Lärm, durch keinen Ton, durch keinen Hauch gestört worden war.

Als der Mensch Das Ganze erfaßt hatte, versank es im Nichts, und das Nichts war die Vokabel, und die Vokabel war das Buch, und das Buch war die Störung.

Werden wir die Tragweite dieser Störung jemals kennen?

Der Akt des Schreibens setzt sich über jegliche Distanz hinweg. Dem Hinfälligen – dem Profanen – die Würde der Dauer – des Heiligen – zu verleihen: ist dies nicht der Ehrgeiz eines jeden Schriftstellers?

So wäre denn das Schreiben, von einem Buch zum andern, bloß das Bemühn der Vokabeln, das Sagen – den Augenblick – auszuschöpfen, um sich ins Unsagbare abzusetzen, welches nicht das ist, was nicht gesagt werden kann, sondern, im Gegenteil, das, was so intim, so *total* gesagt worden ist, daß es nur noch diese unsagbare Intimität, diese unsagbare Totalität aussagt.

Das Profane und das Heilige wären demnach nichts anderes als das Vorspiel und das Ende des immer gleichen Einsatzes: desjenigen, der für den Schriftsteller darin besteht, das Schreiben bis an die Schwelle des Schweigens zu leben, wo es ihn aufgeben wird; unhaltbares Schweigen, aus dem das aufgestörte All auftaucht, um seinerseits unterzugehn in der Vokabel, die es vertritt.

Nimmt man an, daß das, was beunruhigt, was bewegt, was eifrigst bezweifelt, grundsätzlich profan ist, könnte man daraus den Schluß ziehen, daß das Heilige in seiner stolzen Beharrlichkeit zum einen etwa das sein könnte, was uns in uns selbst erstarren läßt, eine Art von Tod, wie die Seele ihn verursacht; zum andern der enttäuschende Ertrag der Sprache, die letzte, Stein gewordene Vokabel.

Auch wird das Heilige fühlbar in seinem Verhältnis zum Profanen und durch dessen Vermittlung, nicht mehr als Heiliges zwar, sondern als Heiligung des Profanen in seinem Selbsterhöhungsrausch; als endlose Verlängerung der Minute, und nicht als eine dem Augenblick entrückte Ewigkeit;

denn der Tod ist Sache der Zeit.

Wird sich die Ewigkeit nicht gerade durch den Trug des Worts, welches unfähig ist, sich das Sagen anzueignen, seiner Unvereinbarkeit mit der Sprache bewußt?

Der unsichtbare Gott bedurfte eines Unaussprechlichen Namens.

Schreiben – geschrieben werden – hieße somit, ohne daß man sich dessen stets bewußt bliebe, übergehen vom Sichtbaren – vom Bild, von der Gestalt, von der Darstellung, deren Dauer die einer Annäherung ist – zur Nicht-Sichtbarkeit, zur Nicht-Darstellung, gegen die der Gegenstand, stoisch, den Kampf aufnimmt; vom Hörbaren, dessen Dauer die eines Hinhorchens ist, zum Schweigen, wo unsre Worte, gehorsam, den Untergang suchen; vom eigenmächtigen Gedanken zur Eigenmächtigkeit des Ungedachten, welches ist Reue und höchstes Leid des Worts.

Das Heilige bleibt das Unerkannte, das Verhüllte, das Bewahrte, das Unauslöschliche: das Schreiben ist deshalb auch der selbstmörderische Versuch, sich der Vokabel anzunehmen, bis sie endgültig dorthin verschwindet, wo sie aufhört Vokabel zu sein und statt dessen nurmehr Spurensicherung – Wunde – eines schicksalhaften und durchaus gewöhnlichen Bruchs ist: desjenigen GOTTES mit dem Menschen und des Menschen mit Der Schöpfung.

Göttliche Passivität, eigensinniges Schweigen angesichts des unvorhersehbaren gefahrvollen Abenteuers des sich selbst anheimgestellten Worts.

Es ist, dem Profanen vorgeordnet, das willkürliche Unmaß jeglicher Grenze, durch das diese unablässig zurückgedrängt wird.

Geheiligt. Geheimnis.

Ob das Heilige mit dem ewigen Geheimnis des Lebens und des Tods verquickt ist?

Es gibt einen Nach-Tag, eine Nach-Nacht, denen Tag und Nacht beständig entgegengesetzt sind.

Ihr Versprechen ist die Morgenröte, ihre Gewißheit – die nächste Dämmerung. Leben und Tod, Profanes und Heiliges gehen hier nebeneinander her und vermengen sich, wie Himmel und Erde in ihrer Gewißheit, ein und dasselbe Universum zu bilden.

Das ursprüngliche Verbot verleiht der Nicht-Darstellung ihren Zug ins Heilige. Die Sprache GOTTES ist Sprache der Abwesenheit. Das Unendliche duldet keinerlei Sperre, keine Wand.

Wir schreiben entgegen dem Verbot, doch bedeutet dies für uns nicht auch, daß wir uns an ihm noch heftiger stoßen? Das Sagen ist immer nur Herausforderung des

Unsagbaren, das Denken lediglich Ankündigung des Ungedachten.

Im Innersten des Buchs ist das menschliche Wort in seiner Ähnlichkeit mit dem Wort Gottes tödlich getroffen vom Bildverbot.

Das heilige Buch wäre demnach zu lesen im Gefolge der Ablehnung des Menschenbuchs durch Gott; Verwerfung, die seine Zerstörung bedingt. Nach dem Vorbild und im Schatten des Absoluten Buchs zu schreiben hieße in diesem Stadium, die Ablehnung anzunehmen.

Das Buch Gottes bleibt Das Unentschlüsselte Buch, dessen geheimes Zeichen jene lebendige Röte unter der Asche einer verworfenen Wahrheit ist, die wir immerfort zu hegen haben.

In solch nahem Abstand zu schreiben – das hieße, mit den Worten des Geheimnisses ein Buch neu zusammenzufügen, welches dazu bestimmt wäre, an den Rändern abzuschmelzen und dessen vorläufige Unlesbarkeit, als ein Mangel, die endlose Lektüre unsrer Werke ermöglichte.

Ein Stück Himmel ist in jedem Flecken Erde, und in der Tinte glüht bisweilen ein stärkeres Licht als in einem gleißenden Morgen.

Gott schuf den Menschen nach Seinem Bild, wonach er dieses zum Verschwinden brachte, indem Er verschwand.

Da er das Antlitz Gottes niemals gekannt hat, wird der Mensch, *a fortiori*, auch niemals sein eigenes kennen. Er kennt bloß den Schmerz des Verlusts. Er weiß, daß das, was für sein Gesicht gehalten wird, im Grund nichts anderes ist als die Sehnsucht nach Gesichtslosigkeit.

Wäre denn das Bild Gottes das eines endlosen Verschwindens? Dann gälte dies auch für das Bild des Menschen, und die Ähnlichkeit wäre die, welche ein abwesendes Bild mit einer Bildabwesenheit haben könnte; Ähnlichkeit, zuletzt, Des Nichts mit Dem Nichts.

All dem zum Trotz um ein Gesicht bemüht zu sein, wird für die Kreatur, in ihrem zähen Willen zur Existenz, darin bestanden haben, es zu erfinden.

Doch jegliche Schöpfungstat ist an einen Zeitabschnitt gebunden, der seinerseits, da ihm die Zukunft fehlt, Verschwinden ist.

Welches also ist das Gesicht, das wir vorzeigen? Wäre es wohl bloß das Bild eines abverlangten Bilds, das wir bei unsrer Geburt ererbt haben?

Hinter ihm gibt es ohne Zweifel das wahre, aus seinem Verschwinden erwachsene Gesicht, dessen Züge stets von neuem sich verwischen: Sandgesicht, in Sand gehauen.

Nur vom Nichts ausgehend können wir es befragen.

Immer schließt sich das Buch über einem verlorenen Gesicht.

Dem Sand übergeben –
die drei Vorankündigungen zum
»Buch der Ähnlichkeiten«

Leben und Tod des Sands sind bloß ein und dasselbe Nahen des Tags und der Nacht, beide befreit von der Zeit, deren Wüste die Wiege ist und das letzte Bett.

Von Ähnlichkeit lebt der Sand; an seiner bunten Leere geht er zugrund.

Die Ähnlichkeit des Sandkorns mit dem Sandkorn entspricht vielleicht der, die es gäbe zwischen den Scherben eines gerade eben im Fall befindlichen Spiegels und denjenigen eines seit Jahrtausenden zerbrochenen Spiegels.

Ähnlichkeit gibt es nur um den Preis eines Verzichts.

*

Das Buch der Ähnlichkeiten

Wird ein Buch durch seine Ähnlichkeit mit dem verlorenen Buch gelesen? Ist ein jedes Buch ein Buch der Ähnlichkeit? Ist die Ähnlichkeit der demaskierte Ort des Buchs? Sind wir nichts anderes als die tausendfach vereitelte Ähnlichkeit mit uns selbst?

Ein Buch zum Lesen. Es »sieht einem Buch ähnlich, welches seinerseits nicht ein Buch war, sondern das Bild seines Vorhabens«.

Wir treffen darin auf »Gestalten, die wohlbekannten Gestalten ähnlich sehn, die aber doch nur erfundene Helden waren«.

Ein neues *Buch der Fragen,* das sich zugleich als sein eigenmächtiges Double und als sein tyrannisches Gegenüber zeigt, kommt ans Licht. Dieses Licht führt uns in die Auseinandersetzung mit einer Wirklichkeit, welche sich bis anhin versteckt hielt hinter ihrer schwankenden Erscheinungsweise und welche ihrerseits, in ihrem Totaleinsatz, die Fragestellung wieder aufnimmt.

(1976)

*

Der Argwohn Die Wüste

Ob die Schwierigkeit zu *sein* mit dem Namen zusammenhängt? Als würde sie übersetzbar durch den untragbaren Namen?

Ist die seit dem *Buch der Fragen,* das inzwischen durch das *Buch der Ähnlichkeiten* abgelöst wurde, von Werk zu Werk fortgeführte Befragung des Namens letztlich doch nur unsre eigene und unerbittliche Infragestellung vermittels der Vokabel, die uns trägt und verwirft?

Hat denn jegliche umfassende Erleichterung ihren Ursprung – o reiner Hohn! – in der unerträglichen Einsicht der unmöglichen Zugehörigkeit, die zu leugnen wir uns, um nicht unterzugehn, zur Gewohnheit machen?

Doch vielleicht ist das Buch nur eine Etappe unterwegs zum Horizont, wo alles einfach wird; denn einfach ist allein der Tod.

Zutiefst im *Argwohn*, den ein jedes seiner Worte noch verstärkt; an der Schwelle der *Wüste*, wo es uns zurückläßt, wäre das Buch, benannt durch das, was es benennt, nichts anderes als die unendliche Eröffnung und Verschließung des Namens.

(1978)

*

Das Unauslöschliche Das Unerkannte

Sämtliche Bücher sollen in jenem letzten enthalten sein, aus dem sie geschöpft haben. Buch vor den Büchern. Buch der Nicht-Ähnlichkeit, dem ähnlich zu sein sich diese bemüht hätten. Geheimes Vorbild, dem keine Kopie gleichkommen wird. Mythisches Buch. Eines.

Mit diesem Buch würde dem Schriftsteller das ungeheure Glück zuteil, sich endlich zur Gänze aussagen zu können, und gleichzeitig erweckte es in ihm die panische Angst, er würde fortan nichts mehr zu sagen haben; wobei ihm doch anderseits gerade auf dem Umweg über dieses vollendete Buch das Wort wieder gegeben würde; was aber würde er damit anfangen?

Bin ich ans Ende meiner Zweifel, meiner Befürchtungen, meiner Hoffnungen und meiner Ängste gelangt?

Bin ich zu der Stunde, da ich das Buch für immer schließe, ans Ende meiner selbst gelangt?

Für welches Bild des Alls würde ich heute einstehen? *A priori* für kein besonderes, oder aber – wer weiß? – vielleicht für jenes, das das Buch mir bietet: Bild einer Sonne, welche die Erde nicht mehr aufwärmt, den Himmel aber versengt.

Dort erfährt der Mensch das Übermaß seiner Einsamkeit.

(1980)

*

(»Die Grenzen der Sprache sind unsre eigenen Schranken.

Diesseits ist das Denken des Menschen; ist jenseits der unergründliche GEDANKE GOTTES*?« hatte er geschrieben . . .*

»Allenfalls könnten wir die Handlungen GOTTES *begreifen, niemals aber den Verunklärenden Gedanken, der sie lenkt«, hatte er zudem geschrieben.*

Vom Denken als Schöpfung und als Vernichtung des Seins durch das Wort

Die Nacht verlieren heißt, einen Gedanken ernten.

»Das Denken lüftet den dichten Schleier, der das All einhüllt, um ihn zu ersetzen durch einen andern, der so leicht ist, daß man ihn kaum erahnen kann.

Wir nehmen die Welt allein durch die Transparenz dieses Schleiers wahr«, sagte er.

Und fügte bei: »Wenn dieser Schleier die Sprache wäre?«

Ich denke. Bin ich mein Gedanke?

Um meinen Gedanken denken zu können, muß ich ebenfalls Gedanke sein.

– Der Gedanke wendet sich einzig an den Gedanken; wie das Wort ans Wort.

Folge ich meinem Gedanken, so bin ich seine Takelung; somit die Bewegung Des Nichts, das ihn führt oder entführt: Jenes Nichts, auf das man baut und innerhalb dessen man zusammenbricht.

Bin ich Das Nichts meines Gedankens? In diesem Fall

würde das Denken nicht ein »Sein« bedeuten, sondern die dem Gedanken gewährte *Erlaubnis,* sich seine Wege zu bahnen.

Wie aber könnte ich es ihm erlauben, ohne vorab eine Existenz zu haben? Und welches sind jene Wege, die nicht bereits die meinen wären?

Bliebe zu fragen, ob ich, da ich denke, *bin*, oder ob ich *bin*, weil mein Gedanke in meinem Namen denkt; wobei von meinem Denken lediglich die Trunkenheit seiner Heraufkunft bleibt; wobei von meinem Leib lediglich das bleibt, was er durch des Denkens Zutun ahnen läßt und aus dem es den zerteilten Ort seines Widerhalls gemacht hat.

Ich gebe dir mit meinen Worten Halt; dieselben Worte gebieten uns Einhalt.

GOTT sagt »Ich«. Wie könnte, nach Ihm, der Mensch »Ich« sagen, wenn er von sich spricht?

– Deshalb vielleicht, weil »Ich« nichts als die Leere ist, die der eine wie der andre ausfüllt. Der eine durch den andern.

Reinheit des Schweigens! Nicht des wissenden Schweigens, welches gehört und wiederholt hat; aber des Schweigens, das vergessen hat.

Falls das Ungedachte wirklich das Weiße ist, wie sollte man daraus nicht schließen, daß vielleicht dahinter ein Gedanke scheu sich anschickt, geboren zu werden.

Der Gedanke wird geformt durch die Verflechtung eines Gedachten – seiner brodelnden Vergangenheit – und eines Ungedachten – seiner problematischen Zukunft: gewöhnliche Schlinge oder Bindeknoten.

Das Künftige hat auch ein Morgen.

»Dem Ungedachten wird tagtäglich vorgegriffen; was womöglich meine Überzeugung verstärkt, *daß es für das Denken keine Pause gibt.*

Ähnlich dem Tod, der vor und nach dem Leben ist, wäre somit das Ungedachte bloß das unüberprüfbare Maß eines durch seinen Mißerfolg unablässig auf die Probe gestellten Denkens«, schrieb er.

Und er fügte bei: »Wer behaupten wollte, man könne dem Undenkbaren gerade deshalb nicht vorgreifen, weil es uns jedweden Gedankens beraube, dem würde ich antworten, daß das Ungedachte für den auf Selbstüberhebung bedachten Denker in jenem ausgefransten Bild der Leere bestehe, welches gegeben ist durch den zerschnittenen Knoten eines Seils, den gleich ein neuer Knoten ersetzen wird.«

Und er schloß: »Das Leben des Gedankens ist eine Abfolge von armseligen Knoten, die seiner Fortdauer geopfert wurden.«

Hatte er nicht geschrieben: »Was gedacht worden ist und was gedacht werden muß, das ist nichts anderes als ein und derselbe Faden, dessen Fasern das Ungedachte vereint hat. Wir straffen unsre Knoten um eine Gedankenabwesenheit, die deren Widerstandsgrad mißt.«?

Unerklärlich ist unser Verhalten vor einer Rose.

Betört von ihrer Schönheit nehmen wir ihr mit einer verzückten Geste das Leben.

Schreiben heißt, diese Geste an sich selber wiederholen.

Was in uns stirbt, kann einzig mit uns sterben.

Das Buch wäre nichts anderes als die tägliche Bekanntgabe all dieser Tode.

Vom Schlüsselwort als Schöpfung und als Vernichtung des Seins durch das Denken

»Rasch einmal hat man«, sagte er, »die obsessionellen Wörter mit den Schlüsselwörtern verwechselt.

Das Schlüsselwort ist nicht notwendigerweise ein obsessionelles Wort. Oft ist es, im Gegenteil, ein unerkanntes, ein unvermutetes Wort.

Um eine Tür zu öffnen, muß der Schlüssel ins Schloß eingeführt werden. Und was tut der Besitzer des Schlüssels danach? – Er läßt ihn in seine Tasche gleiten.

Wir werden ihn uns gewiß nicht von ihm zeigen lassen. Seine Höhlung, seine Bohrung, sein Gezähn erwecken unsre Neugier nicht.

Ein jeder Schlüssel ist gemacht, um auf ein Schloß einzuwirken und danach aus unsrem Blickfeld zu verschwinden.

Besessen ist man nicht vom Schlüssel, sondern von seinem Verlust.

Im geschriebenen Text spielt das Schlüsselwort dieselbe Rolle. Es ist das Wort, welches den Text für den Text und also für uns eröffnet.

Es ist nicht das Wort des Beginns, sondern das Wort allen Beginnens. Man kann es ebenso am Anfang wie am Ende einer Schriftseite finden, in der Mitte, gleich nach den ersten oder vor den letzten Worten.

Man vermag es nicht sogleich zu erkennen, denn zumeist wirkt es im Geheimen; seine Geste aber ist Licht.

Es kenntlich zu machen, wäre umsonst. Es ist das Wort,

welches alle Worte des Texts, der es enthält, indem sie sich aufreihen, so leise aussprechen, daß es von keinem vernommen werden kann: geheimnisvolles Paßwort, hinter dem das Buch sich hält.«

»Und wenn das Schlüsselwort nicht ein Wort, sondern ein Schlüssel wäre, dessen sich ein jedes Wort bedienen könnte? – Dies würde bedeuten, daß wir nur mit der Komplizenschaft jenes Worts ins Buch einzutreten vermöchten, welches bei sich den Schlüssel zu der Tür verwahrt, gegen die wir angerannt wären: Schlüsselwort, Gelegenheitswort.

Schreiben hieße dann bloß, den Schlüsseltausch zwischen den Wörtern erleichtern. Dies werde ich als den instinktiven Textbezug bezeichnen«, sagte er noch.

»Es ist ganz offensichtlich«, hatte er notiert, »daß das Wort *Azur* das Wort *Himmel* zwar hervorruft, nicht aber offenbart. Was, umgekehrt, beim Wort *Leere* möglich wäre.

Wenn ich schreibe: *Bevor sie schwarz wurde, war die Leere meiner Seele blau,* erfasse ich mit diesem einen Satz die ganze Weite des Himmels.«

»Nicht der Schriftsteller«, so hatte er ebenfalls notiert, »verfügt über den Schlüssel zum Text, ebensowenig wie der Text selbst – als das, was der Lektüre sich darbietet – über ihn verfügt, vielmehr das, was sich nicht ins Wort hat einschließen lassen.

Zweifellos ist der Schlüssel jenes Fehlende, welches im Buch angezeigt wird durch ein paar Vokabeln, die ihrerseits Träger einer unerinnerlichen Abwesenheit sind: Fehlendes im Unendlichen des Fehlenden.

Was uns das Sehen ermöglicht, ist das, was man nicht sehen kann.«

Jegliches Schweigen trifft sich in den vier Buchstaben des ersten und letzten verschwiegenen Worts: GOTT.
Vier ist die Zahl der Unendlichkeit.

GOTTES Schlüsselbund ist verborgen im *Text*. Diese göttliche Gabe an die Vokabeln liegt am Ursprung ihres geheimen und wahnhaften Strebens.

Weder der Mensch noch das Wort vermöchten die Weite des Worts zu umfrieden: sie ist das Imaginäre.

Die Einbildungskraft hat ihre Grenzen: die einer überbordenden Wirklichkeit.

Das Imaginäre ist ein Mehr an Schöpfung. Dieses »Mehr« ist unbestimmbar.

Die Einbildungskraft ist womöglich nichts anderes als ein vom Gewicht seiner Ursprünge befreites Denken; die Kühnheit eines visionären Worts am jähen Rand des Alls.

Der kleinste Kiesel ist umspült von Unendlichkeit.

Die Abwesenheit als Ursprung oder die Geduld der allerletzten Frage

Die erste Frage wird von der letzten gestellt.

Geduld des Marmors. Der Baum ist seine beständige Sorge.

»Ich habe für dich zweiunddreißig ähnliche Kiesel aufgehoben.

Sechzehn davon sind Fragen des Lebens; sechzehn sind Fragen des Tods.

Mische sie; denn auf jede dieser vergeblichen Fragen kann man immer nur ein und dieselbe vergebliche Frage antworten«, hatte er geschrieben.

Und er hatte beigefügt: »Für jede Frage ein Stein; für die abertausend Gräber, wo ich ruhe.«

Die Geduld lernen, ohne freilich der Ungeduld den Rücken zu kehren.

Der Ungeduld der Frage ein Jahrhundert der Geduld entgegensetzen.

Zielscheibe aller Fragen sein – die Zielscheibe, welche die Frage hervorruft.

Sich die Ausdauer der Zielscheibe zueigen machen.

Die Frage vervielfachen dadurch, daß man ihre Ungeduld zuspitzt, und zu gleicher Zeit die Geduld wahren, die ihr das Fortdauern erlaubt.

Sich wütend in die Antwort verbeißen. Diese Wut auf sich selber übertragen.

Derjenige sein, der verletzt und der verletzt wird.

Im Tod erstrahlt die Wahrheit in ihrer ganzen Lichterfülle.

Das Ereignis hat Vorrang.

»Das Ereignis«, sagte er, »ist eine der kleinen Lochungen am linken Rand meiner Blätter; Lochungen, die es mir eines Tags gestatten werden, sie ohne Schaden voneinander zu trennen, um sie unversehrt dem Wind zu übergeben: meine letzte Gabe.«

Und er fügte hinzu: »Die Ewigkeit ist mit Abgründen durchsetzt: unsre stetige Alltäglichkeit.«

Man glaubt zu leben, man glaubt sein Leben aufzuschreiben: man locht Papier.

Der Alltag ist Wasser, das fließt; die Dauer: Filter.

Was geschehen ist, war vorauszusehen. Niemand wird bestrebt gewesen sein, es zu verhindern.

Ohne ein Anzeichen von Schwäche erwartet die Nacht die Sonne.

Allein was uns aus nächster Nähe anrührt, macht uns betroffen. In der Einsamkeit rüsten wir uns, um ihm standzuhalten.

Er sagte: »Die Gleichgültigkeit ist die giftige Galle, die man zu sich nimmt wie einen gekühlten Fruchtsaft im Sommer.«

Der Schrecken herrscht vor. Der Schmerz zieht sich auf sich selbst zurück.

Reigen der Mörder – nicht immer ist es der Spielleiter, an den man, in Kenntnis der Dinge, denkt.

»Man richtet nicht das Opfer, sondern den Täter. Das Opfer ist bereits gerichtet worden: Mördergericht.

Wieviele von euch werden dem zustimmen? Wieviele werden es anprangern?« hatte er geschrieben.

*

Er sagte: »Das Gesicht eines Kinds ist, da noch nicht von der Sprache gestaltet, außerzeitliches Gesicht.

Die Zeit des Gesichts ist die Zeit seiner Falten.«

Auch sagte er: »Das erste Gesicht ruft zärtlich den Gesichtern, die es vorformt; das letzte ist die Gesamtheit all unsrer abgelebten Gesichter.«

Die Identität ist weniger die Erfassung des Gesichts als vielmehr dessen Eroberung.
Ein Bündnis mit dem Tod.

Jedweder Todesgedanke folgt aus der Zerstörung des Gesichts. Die Identität ist denkbar nur außerhalb des Nichts.

Gott braucht den Menschen als Gott.
Grausamkeit Des Nichts.

Das Nichts läßt sich einzig durch alle auf nichts reduzierten Gedanken denken.

Es gibt keinerlei Abwesenheit, welche die Zeit nicht von vornherein als ihre verdiente Erholung, ihre legitime Ruhe, ihren siebten Tag betrachtet hätte.
So trifft für einen kurzen Augenblick die von der Zeit geprägte Wirklichkeit mit der Ewigkeit einer Unwirklichkeit zusammen, welche sie imaginiert hätte und der sie, ohne es zu wissen, zur Existenz verholfen hätte.
Dieser von der Zeit losgetrennten Zeit gehört die Abwesenheit.

Die Abwesenheit ist für die Anwesenheit, was das Alles für das Nichts ist: ein und dieselbe Bestürzung.
. . . was der Traum des Traums für das Erträumte ist.

*

»Die Zeit blieb mir erspart«, hatte er notiert. »Ich wäre mein eigenes Traumbild gewesen.«

Er sagte: »Ich habe keinen Platz«, so wie man sagen würde: »Ich habe keine Bindungen«, wohl wissend allerdings, daß jedes Wort seinen Ort schafft.

Es gibt Augenblicke, welche im Augenblick geboren werden und sterben. Sie werden niemals errechenbar sein.

Ich bin von dem, was bleibt, der leichte Teil des Mißgeschicks: der versengte Halm.

Im Alltag ist die Frage der fragliche Augenblick und zugleich die Frage des Augenblicks.

Die Ewigkeit ist ohne Fragen.

An der Antwort wäre es, auf die Fragestellungen des Augenblicks zu antworten; und auch auf die eigenen Fragestellungen der Frage; sie aber, festgefahren, antwortet bloß sich selbst.

Die Ewigkeit ist hinter der Zeit.

Zwischen dem Nichts und dem Ungedachten liegt der ganze Werdegang des Gedankens: von seiner nächtlichen Blüte bis zu seinem vorzeitigen Ende.

Der Glaube daran, daß man noch etwas zu sagen habe auch dann, wenn man nichts mehr auszudrücken hat.

Das Wort hält uns am Leben.

Man stirbt stets an einem frustrierten Wort.

Der Augenblick ist erfüllt von einer bloß erahnten, nahgerückten Ewigkeit – so wie das gehißte Segel trunken ist von Weite und Neblicht.

Fühllose Ewigkeit!

Der Himmel verschwindet im Himmel und das Meer im Meer, ohne die geringste Unruhe zu verbreiten oder das Mitleid zu wecken.

Der Verlust des Augenblicks hat unmittelbare oder fernere Folgen nur für das, was keimt, und für das, was weicht.

Für die Himmel wie für den Ozean ist die Nacht weder die Trauer noch der Schlaf, sondern die Ausweglosigkeit.

Die Sonne spielt die Ewigkeit gegen den Augenblick aus.

Das Maß des Augenblicks zu nehmen, ist für die Ewigkeit vielleicht ein Hohn.

Einer in der Wüste aufgehobenen Handvoll Sand entnimmt man gewiß nicht ein einzelnes Korn, um es zu wägen.

Licht über unsern fahlen Lichtern. Das Denken ist geblendet davon.

Blind ist der Gedanke des Sehenden.

(»Auf dem Sand kann man nicht schreiben, hieße dies doch, auf seinen eigenen Wörtern zu schreiben; auf einem vom Sand bereits widerrufenen Text«, sagte er.)

Sand

»Ich bin die Geisel eines Worts, das seinerseits die Geisel des Schweigens ist«, sagte er.

»Der Tod ist im Wort zuerst.

Such das meine also nicht dort, wo die andern, fieberhaft, sich drängen, vielmehr dort, wo sie sich in ihre verblichene Ewigkeit zurückziehen«, sagte er.

Man denkt nicht den Tod, die Leere, das Nicht-Seiende, Das Nichts; sondern deren unzählbare Metaphern: eine Art und Weise, das Ungedachte zu umreißen.

Es waren meine Bücher geschrieben nicht in den Sand oder mit Sand, sondern durch und für den Sand.

Bücher, deren Los – das unbewegte Abenteuer – ich mir zueigen machte, indem ich sie soweit entzifferte, als ich mich mit ihnen identifizierte, bis ich nichts anderes mehr war als ihre Schrift. Ein Wunder, möglich geworden um den Preis meiner Selbstauflösung.

Sandwüsten, die ihr im Namen Des Nichts Das Nichts aufhebt – werde ich euch euren legitimen Anteil am Unendlichen enteignen können?

Der Himmel bezwingt das Buch, doch nicht den Sand, der ihn, durch ein jedes Korn, zum Gerinnen bringt.
Einzig das Gewicht des Schweigens ist hier denkbar.

Gott hat Sein Wort keineswegs in den Stein geritzt, sondern in den ewigen Augenblick eines zu Stein gewordenen Schweigens.
Das Zerschlagen Der Tafeln ist vor allem der Hauptakt, der es erlaubte, daß die göttliche Schrift des Schweigens überging in das verbriefte Schweigen alles Geschriebenen.

Reichtum der höchsten Armut.

»Schreiben«, sagte er, »ist ein gegen das Schweigen gerichteter Akt des Schweigens; der erste positive Akt des Tods gegen den Tod.«

(»Jenseits dessen, was ich noch zu sagen haben könnte.
Dein ist das Lesen. Mein das Verschwinden.
Eindringling«, hatte er notiert.

»Der Himmel ist es, der sich auf die Erde senkt, und nicht die Erde, die zum Himmel steigt; da leider unser Planet weder die Leichtigkeit der Bläue noch die des Schattens hat«, sagte er.
Und er fügte bei: »So wird sich der Tod auf unsre steifen Leiber senken.«)

Das Geschriebene bindet uns. Vielleicht schreiben wir nur, um uns zu *entbinden*, ohne zu wissen, daß diese Entbindung für uns nichts anderes ist als eine Art und Weise, unsre Bindung bis zum letzten zu respektieren;

... bis zum letzten, das heißt bis zu dem Punkt, wo die aufrechterhaltene Bindung sich uns in Form einer neuen Bindung zeigt.

*

Wir lesen – so wie man Gras mäht – das, was die Finsternis uns wegnimmt.

Das Denken muß die Niederungen aufsuchen, um danach erneut an Höhe zu gewinnen. Seine Höhepunkte sind auch seine Grenzen.

Man könnte deshalb sagen, das Ungedachte sei ein nicht zu *erniedrigender* Gedanke.

Wir sind die Beute mehrerer Schriften.

»Würde die Wahrheit existieren«, sagte er, »so wäre sie unser einziger Gegner gewesen.

Glücklicherweise existiert sie nicht, und so können wir uns die Feinde ausdenken.«

»Ich habe die Nacht mit Bitten bestückt«, sagte er auch. »Gewisse Leute wollten darin lediglich Sterne erkennen, die ihrem eigenen Funkeln zugetan seien.«

Die gesamte Zeit ist in einem Blick enthalten.

Die Unendlichkeit öffnet unsre Augen, der Augenblick schließt sie.

Ewigkeit ist nur im Vergessen.

Er sagte: »Großmütige und unerbittliche Vokabel. Alles wurde mir durch dich gewährt oder verweigert, auch dieser Augenblick, der heute mein Herz mit Liebe überfüllt, und jener, der es bald so schwach wird schlagen lassen, daß nur noch der herbeigerufene Tod es wird vernehmen können.«

Jegliche Lektüre setzt Grenzen. Der unbegrenzte Text ist der, welcher jedesmal eine neue Lektüre herbeiführt, der er sich teilweise entzieht.

Was stets noch zu lesen bleibt, ist seine einzige Überlebenschance.

Leben, ohne zu fragen: »Warum?« heißt von vornherein der Frage ausweichen: »Wie sterben?«; heißt einen ursprungslosen Tod annehmen.

Die Geschichte des Denkens ist womöglich bloß der kühne Gedanke einer – wie der dicht am Stamm gekappte Ast – dicht am Gedanken gelebten Geschichte.

Ein Buch ohne Ende kann sein Ziel lediglich im Ende seiner unabsehbaren Verlängerungen finden.

Die Luft, die du einziehst, zwingt dich, sie an die Luft zurückzugeben.

So ist der Atem.

Deine Brust ist zu eng für diese Himmelsgabe.

»Zweifellos bin ich das Gedächtnis meiner Bücher; doch bis zu welchem Grad sind meine Bücher mein Gedächtnis gewesen?« sagte er.

Der Gedanke wird nicht bei Tag geboren. Er ist der Tag.

Würde ich, für meinen Teil, sagen, er werde in der Nacht geboren?

»Gern mag ich«, sagte er auch, »jene wogenden, noch zwischen den Schwaden des Schlafs und dem schüchternen Schimmer des Tags gefaßten Gedanken;

zwischen dem bereits weniger schwarzen Nichts, wo sie versunken waren, und der vom ersten Blick überraschten Grasblüte.«

Wodurch definiert sich das Denken? – Nicht etwa durch das, was es ist, sondern durch das, was es umgreift.

Was wir als Denken bezeichnen, wäre demnach bloß seine Fähigkeit, das zu umschreiben, was sich ihm darbietet.

So können wir denn auch nie wissen, wohin seine Neugier uns führen wird; wobei diese, um auf der Höhe unsres Glaubens an die Sprache zu bleiben, den Gedanken gleichzeitig dem unvorhersehbaren Gelingen seiner Formulierung unterordnet.

Härener Same, gefiedert und gebauscht: der Gedanke.

Er vergleicht das Denken bald mit einem Kornfeld, bald mit einem Ozean. Zweimal hat er sich geirrt. Der Gedanke ist Ährenschwere und Meeresweite.

Afterdenken, spärliches Wasser.

Gedanke, der in den Samen steigt. Das Ungedachte hat keinen Stengel.

*

»Das Ungedachte«, sagte er, »ist das Jenseits des Buchs; sein innerer Horizont.«

Wenn ich, um es zu definieren, das Ungedachte mit einem bestimmten Ferment vergleiche, will es mir sogleich als die endlose Qual meines Denkens erscheinen.

Das Jenseits des Buchs ist also noch immer ein Buch.

Ich kann das Ungedachte nur von der Grenze her denken.

Wohin ich gehe, ist nicht vorbestimmt.

Alle Stufen sind für das Denken.

Für das Ungedachte – das plötzliche Fehlen von Sprossen.

Jedes Unendlichkeitsintervall kennen wie die Räumlichkeiten einer Wohnung.

Der Augenblick ist die winzige Pforte der Dauer. Man tritt, ganz klein geworden, ein.

In meinem Heim ist die Zeit nicht in Sicherheit.

»Ich kann, vor jedem Irrtum gefeit, sagen«, hatte er notiert, »daß das Ungedachte bloß der gefürchtete Einsturz der Brücke ist, welche zwei ununterschiedene Ufer miteinander verband.«

Die Erde dreht sich im kühnen Gedanken ihrer Kugelgestalt und in der Leere des Ungedachten, auf das sie sich abstützt.

Was Unordnung zu schaffen vermag, kann seinerseits nicht in Unordnung gebracht werden.

Man schreibt stets am Faden Des Nichts.

Von einem Gedanken, wie von einer Frucht, sagen, er habe schön angesetzt.

Es gibt allein den Ausweg ins Unbekannte.

Wer sich – wie Abraham – entfernt, wohin geht er? Er ist ausgezogen, um seine Identität zu suchen, und er hat *den Andern* entdeckt. Zum voraus weiß er, daß er an jenem *Andern* scheitern wird in der unergründlichen Distanz, die ihn von sich selber trennt und in der das Gesicht der Einsamkeit erkennbar wird.

Man lebt diesseits. Man stirbt immer jenseits; doch die Grenze ist geistiger Art.

Kann man den Andern denken? Wir können uns lediglich auf die Idee beziehen, die wir von ihm haben.

Ob das Verhältnis zum Andern bloß das Verhältnis zweier unfruchtbarer Gedanken ist, die man Rücken an Rücken gestellt hat, wo das Ungedachte seinen Triumph noch nicht zur Schau zu stellen wagt?

So steht es mit der Nacht und mit dem Tag, denen es bestimmt ist, durch ihre eigenen Waffen zu fallen.

Das Alter verletzt uns. Wir erfahren nichts als blutige Rückschläge; doch bisweilen, am Tiefpunkt der Kurve, genügt ein Liebesfunke, um unsre Nacht aufzuhellen.

Den Besitzstand niemals anders betrachten als wie eine ironische Manifestation Des Nichts.

Etwas in seinen Besitz gebracht haben heißt, in gewisser Weise vom heilsamen Humor des Nichts leben.

»Der Denker ist ein erfahrener Fischer«, sagte er. »Aus dem Ozean des Ungedachten angelt er glitzernde Gedanken – Mondfisch oder Kugelfisch; Leitfisch oder Plattfisch –, die, wenn sie angebissen haben, einen Moment lang zappeln zwischen dem Blau des Himmels und dem Blau des Meers, bevor sie, zu Fremdlingen geworden, auf dem Boden erstarren.«

Furchtbares Paar: das Leben, es zagt; der Tod, er lacht.

Für das Leben ist der Gedanke das, was das Ungedachte für den Tod ist: dieselbe Boje.

Um zu leben; um zu sterben, werden wir uns ein und derselben Haspel bedient haben.

Wie eine Nachttischlampe die Gasse zwischen Bett und Wand, so erhellt die Freiheit bloß den Schatten eines Schritts.

An die Abwesenheit eine Frage zu richten – dies erscheint, auf den ersten Blick, absurd.
Und doch befragen wir in Wirklichkeit nur sie.

»Wir stürzen uns in solcher Verblendung den weiten Landen der Absenz entgegen, daß ich davon ganz verstört bin.
Jegliches Werden ist bloß allmählich bewältigte Abwesenheit«, sagte er.

Und er fügte hinzu: »Von meiner Seele ist der beste Teil abgetrennt worden, wie von einem gesunden Körper der rechte Arm.

Ach! wie sehr schmerzt mich, physisch, dieser fehlende Teil meiner selbst.

Was wäre daraus zu schließen, wenn nicht dies: daß sich uns die Abwesenheit durch den Schmerz zu erkennen gibt.«

Das Blut färbt die Tinte rot, ohne sie freilich aufzuwärmen.

Jede Vokabel stirbt den Kältetod.

Unsre Abwesenheit von der Welt ist vielleicht nichts anderes als unsre Anwesenheit im Nichts.

Zählen kannst du nur die Tage, die du vertust.

Blick, dessen Einsamkeit wir uns niemals werden vorstellen können: Blick Des Nichts.

Vor dem, der dir Böses antun will, solltest du deine Wunden verbergen: sie würden ihn aufreizen.

– Was versetzt Sie in Schrecken?

– Das, was in Ihrem Namen sich breitmacht und was Sie nicht mehr zu rechtfertigen brauchen.

– Ich kann Sie schlecht begreifen.

– Und wenn ich Ihnen zur Antwort gäbe, daß Ihre Wahrheit tödlich ist?

*

(Falls GOTT *Sein* WORT *ist, ist die Wüste älter als* GOTT, *da sie der Ort war, dem es entstammt; älter somit als dieses;* GOTT *jedoch ist ohne Vergangenheit. Anerkennt man, wenn man sagt,* GOTT *sei von* GOTT *geboren und Er sterbe in* GOTT, *daß Er das Wort und zugleich auch der Ort sei?*

War GOTT, *indem Er erklärte: »Ich bin der* ORT*«, bestrebt, hervorzuheben, daß Er* WORT *eines jeden Orts und* ORT *eines jeden Worts ist?*

Das Leben GOTTES *war von verwirrend kurzer Dauer; Sein Tod war der Tod Seines zerschmetterten* WORTS.

Von diesem Leben zeugt die Wüste durch ihr Schweigen. Und jedes Sandkorn verweist uns auf diesen Tod.)

Indem du GOTT mit GOTT, den GEDANKEN mit dem GEDANKEN, das BUCH mit dem BUCH in Gegensatz gebracht hast, hast du sie, eins durch das andre, vernichtet;

doch GOTT überlebt GOTT, der GEDANKE den GEDANKEN und das BUCH das BUCH.

Du wirst, in ihrem Überleben, fortfahren, sie herauszufordern.

Auf die Wüste folgt die Wüste, wie der Tod auf den Tod.

(Es gibt nur die verwundete Wunde.)

Inhalt

Heft 13

Edition Akzente

Bettina Blumenberg: Vor Spiegeln
Erzählung

Jorge Luis Borges: Geschichte der Nacht
Neue Gedichte. Zweisprachige Ausgabe

Roger Caillois: Steine

Italo Calvino: Kybernetik und Gespenster
Überlegungen zu Literatur und Gesellschaft

Elias Canetti: Der andere Prozeß
Kafkas Briefe an Felice

René Char: Rückkehr stromauf
Gedichte. Zweisprachige Ausgabe

Gerrit Confurius: Sabbioneta oder
die schöne Kunst der Stadtgründung

Tankred Dorst: Der verbotene Garten
Fragmente über D'Annunzio

Lars Gustafsson: Eine Liebe zur Sache
Prosastücke

Gerd Henniger: Spuren ins Offene
Essays über Literatur

Felix Philipp Ingold: Haupts Werk. Das Leben

Edmond Jabès: Das kleine unverdächtige Buch der Subversion

Dietmar Kamper: Das gefangene Einhorn
Texte aus der Zeit des Wartens

Jakov Lind: Eine Seele aus Holz
Erzählungen

Jürgen Manthey: Wenn Blicke zeugen könnten
Eine psychohistorische Studie über das Sehen in Literatur und Philosophie

Henri Michaux: Momente
Durchquerungen der Zeit

Czesław Miłosz: Das Zeugnis der Poesie

Ivan Nagel: Autonomie und Gnade
Über Mozarts Opern

Oskar Pastior / Francesco Petrarca: 33 Gedichte

Juan Rulfo: Der goldene Hahn
Erzählung

Alfred Schmidt: Goethes herrlich leuchtende Natur
Philosophische Studie zur deutschen Spätaufklärung

Schuldt: Leben und Sterben in China
111 Fabeln nach Lius Wörterbuch

Marleen Stoessel: Aura
Das vergessene Menschliche
Zu Sprache und Erfahrung bei Walter Benjamin

Botho Strauß: Marlenes Schwester / Theorie der Drohung
Zwei Erzählungen

Ernst Wendt: Wie es euch gefällt, geht nicht mehr
Meine Lehrstücke und Endspiele